Documentos de la democracia de Estados Unidos

LA CONSTITUCIÓN DE ESTADOS UNIDOS

Kristen Rajczak Nelson
Traducido por Esther Sarfatti

PowerKiDS press.

Nueva York

Published in 2017 by The Rosen Publishing Group, Inc.
29 East 21st Street, New York, NY 10010

Translator: Esther Sarfatti
Editorial Director, Spanish: Nathalie Beullens-Maoui
Editor, English: Katie Kawa
Book Design: Tanya Dellaccio

Photo Credits: Cover (painting) https://commons.wikimedia.org/wiki/File:Scene_at_the_Signing_of_the_Constitution_of_the_United_States.jpg; cover, p. 13 (document) https://commons.wikimedia.org/wiki/File:Constitution_of_the_United_States,_page_1.jpg; background (all pages except 13) Didecs/Shutterstock.com; pp. 5,9 Hulton Archive/Getty Images; p. 7 (bottom) DeAgostini/Getty Images; p. 7 (Ben Franklin) https://commons.wikimedia.org/wiki/File:BenFranklinDuplessis.jpg; p. 7 (George Washington) https://en.wikipedia.org/wiki/File:Gilbert_Stuart_Williamstown_Portrait_of_George_Washington.jpg; p. 11 Courtesy of the National Archives; p. 13 Everett Historical/Shutterstock.com; p. 15 (John Adams) https://commons.wikimedia.org/wiki/File:Official_Presidential_potrait_of_John_Adams_(by_John_Trumbull,_circa_1792).jpg; p. 15 (Frederick Muhlenberg) https://commons.wikimedia.org/wiki/File:Frederick_Muhlenberg.jpg; p. 17 MPI/Getty Images; p. 19 Joseph Sohm/Shutterstock.com; p. 21 (Washington) Archive Photos/Getty Images; p. 21 (Obama) https://commons.wikimedia.org/wiki/File:US_President_Barack_Obama_taking_his_Oath_of_Office_-_2009Jan20.jpg; p. 23 (White House) vichie81/Shutterstock.com; p. 23 (Capitol) Mikhail Kolesnikov/Shutterstock.com; p. 23 (Supreme Court Building) Matt Snodderly/Shutterstock.com; p. 25 KAREN BLEIER/Getty Images; p. 27 (George Mason) https://commons.wikimedia.org/wiki/File:George_Mason_portrait.jpg; p. 27 (Patrick Henry) https://commons.wikimedia.org/wiki/File:Patrick_henry.JPG; p. 27 (The Federalist) https://commons.wikimedia.org/wiki/File:The_Federalist_(1st_ed,_1788,_vol_I,_title_page)_-_02.jpg; p. 29 (Bill of Rights) https://commons.wikimedia.org/wiki/File:Bill_of_Rights_Pg1of1_AC.jpg; p. 29 (James Madison) https://commons.wikimedia.org/wiki/File:James_Madison.jpg.

Cataloging-in-Publication Data

Names: Rajczak Nelson, Kristen, author.
Title: La Constitución de Estados Unidos / Kristen Rajczak Nelson, translated by Esther Safratti.
Description: New York : PowerKids Press, 2017. | Series: Documentos de la democracia de Estados Unidos | Includes index.
Identifiers: ISBN 9781508151753 (pbk.) | ISBN 9781508151777 (library bound) | ISBN 9781508151760 (6 pack)
Subjects: LCSH: Constitutional history–United States–Juvenile literature. | Constitutional law–United States–Juvenile literature. | United States. Constitution–Juvenile literature.
Classification: LCC KF4541 .R348 2017 | DDC 342.7302–dc23

Manufactured in the United States of America

CPSIA Compliance Information: Batch #BS16PK: For Further Information contact Rosen Publishing, New York, New York at 1-800-237-9932

CONTENIDO

LA LEY DEL PAÍS

"La ley suprema" de Estados Unidos es la Constitución. Después de la Revolución Americana, muchos estadounidenses temían un gobierno central con mucho poder. Acababan de ganar una guerra contra un gobierno poderoso y querían asegurarse de que el nuevo gobierno no tuviera demasiada autoridad. Sin embargo, después del fracaso de una primera constitución, que otorgaba muy pocos poderes al gobierno central, quedó claro que había que reflexionar sobre la situación.

Los autores de la Constitución de Estados Unidos trabajaron para establecer un gobierno que no favoreciera a estados grandes o pequeños. Equilibraron el gobierno central creando tres ramas diferentes: la ejecutiva, la judicial y la legislativa. Además, aprendieron la lección del pasado y les prometieron a los ciudadanos protección contra cualquier intervención extranjera o contra un excesivo control por parte del gobierno central. Gracias a la Constitución de Estados Unidos, se creó el gobierno de nuestra nación tal y como lo conocemos hoy día, y que continúa siendo la base de la democracia de Estados Unidos.

LOS ARTÍCULOS DE LA CONFEDERACIÓN

*Finalizada la Revolución Americana, Estados Unidos creó su primera constitución. Los Artículos de la Confederación entraron en vigor en 1781. En un principio, la mayoría de los ciudadanos sentían más lealtad por sus estados que hacia el nuevo gobierno federal. Debido a esto, el documento otorgaba gran independencia a los estados. Sin embargo, el gobierno central era demasiado débil y no tenía manera de recaudar los fondos necesarios para poder responder eficazmente a las **crisis** que se presentaran como sublevaciones o levantamientos. Hacia 1787 muchos ciudadanos pensaban en la necesidad de modificar el documento.*

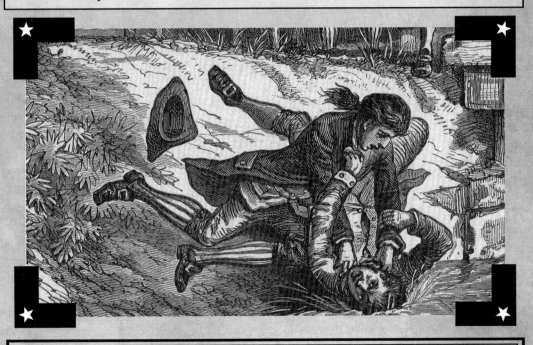

*Los Artículos de la Confederación principalmente convertían en **aliados** a los estados para que pudieran protegerse en caso de que fuera necesario. Sin embargo, cuando surgió la revuelta armada conocida como la Rebelión de Shays, según se muestra aquí, el joven gobierno central era demasiado débil para afrontar el conflicto. La falta de una respuesta eficaz y firme contra este levantamiento, contribuyó a que muchos se convencieran de la necesidad de modificar los Artículos de la Confederación.*

LA CONVENCIÓN CONSTITUCIONAL

En mayo de 1787, **delegados** de 12 estados se reunieron en Filadelfia, Pensilvania, para comenzar a reformar los Artículos de la Confederación. Rhode Island no envió ningún delegado. Los representantes de los estados eran políticos, intelectuales y hombres que fueron líderes durante la guerra. Benjamin Franklin, con 81 años, era el delegado de más edad. George Washington fue nombrado presidente de la convención, conocida hoy como la Convención Constitucional.

Los delegados se dieron cuenta muy pronto de que tendrían que **redactar** un nuevo documento que reemplazara totalmente los Artículos de la Confederación. Todos los debates que tuvieron lugar durante la convención se mantuvieron en secreto para que cada uno de los asistentes se sintiera con libertad de expresar lo que pensaba, ¡y hubo muchos debates! Sin duda era necesario un gobierno central más fuerte donde los ciudadanos tuvieran más representación, pero muchos de los delegados no se ponían de acuerdo en cómo esto se podría lograr.

BENJAMIN FRANKLIN

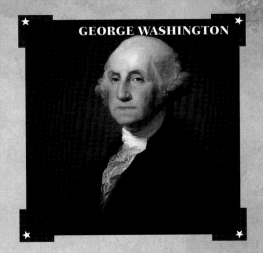

GEORGE WASHINGTON

La Convención Constitucional duró hasta septiembre de 1787.

UNA SOLUCIÓN INTERMEDIA

El primer asunto importante que debían acordar los asistentes a la Convención Constitucional tenía que ver con cómo estarían representados los estados en el Congreso. Según el Plan de Virginia, la representación se basaría en la población de cada estado, lo cual favorecía a los estados más grandes. El Plan de Nueva Jersey proponía que todos los estados tuvieran el mismo número de representantes. Así, los estados con menor población también tendrían voz en el gobierno federal. El Gran Compromiso, también conocido como el Compromiso de Connecticut, **englobó** estos dos planes para crear el "Congreso de dos cámaras", que se incluyó en la Constitución. El número de representantes de cada estado en la Cámara de Representantes se basa en la población, mientras que todos los estados tienen dos representantes en el Senado independientemente de su población.

EL TEMA DE LA ESCLAVITUD

En el momento que tuvo lugar la Convención Constitucional, la esclavitud constituía una gran parte de la economía de los estados del sur. Los delegados de los estados del sur defendían su derecho a tener esclavos, lo cual presentaba un reto para incluir algo sobre el tema en la Constitución de Estados Unidos. Muchos delegados del norte, querían declarar ilegal la esclavitud o, por lo menos, poner fin a la trata de esclavos. Al final, optaron por mantener la paz durante la Convención Constitucional en lugar de tratar de forzar tal cambio.

El Compromiso de las tres quintas partes surgió a raíz del Gran Compromiso. Resolvió la cuestión de cómo se contarían los esclavos para determinar la representación de acuerdo a la población. Por cada cinco esclavos, se contarían tres.

La palabra "esclavo" no aparece en la Constitución de Estados Unidos. Sin embargo, ciertos derechos de los dueños de esclavos fueron protegidos. La Constitución hizo legal que una "persona obligada a prestar un servicio o trabajo" debe ser entregada a la pesona a quien se le deba ese servicio o trabajo.

Ninguna persona obligada a prestar un servicio o trabajo en un estado, bajo las leyes de este, que escape a otro estado, quedará liberada de dicho servicio o trabajo a consecuencia de cualesquiera leyes o reglamentos del segundo, sino que será entregada al reclamarlo la parte interesada a quien se deba tal servicio o trabajo.

REVISIONES Y FIRMAS

El primer **borrador** de la Constitución de Estados Unidos fue leído ante los miembros de la convención el 6 de agosto de 1787. Los delegados debatieron durante un mes aproximadamente antes de elegir a cinco hombres que formarían parte del Comité de Estilo: Alexander Hamilton de Nueva York, William Samuel Johnson de Connecticut, Gouverneur Morris de Pensilvania, James Madison de Virginia y Rufus King de Massachusetts. Este comité presentó una versión revisada del documento el 12 de septiembre.

De los 55 delegados que asistieron a la Convención Constitucional, 39 firmaron la versión final de la Constitución de Estados Unidos. Algunos se habían ido a principios del verano. Unos pocos no quisieron firmarla, entre ellos al menos un delegado que creía que la esclavitud tendría que haberse declarado ilegal. El documento firmado por los 39 delegados el 17 de septiembre de 1787 ¡es la constitución escrita más antigua que aún está vigente hoy en día!

> *El original de la Constitución de Estados Unidos se puede ver en los Archivos Nacionales, en Washington D. C.*

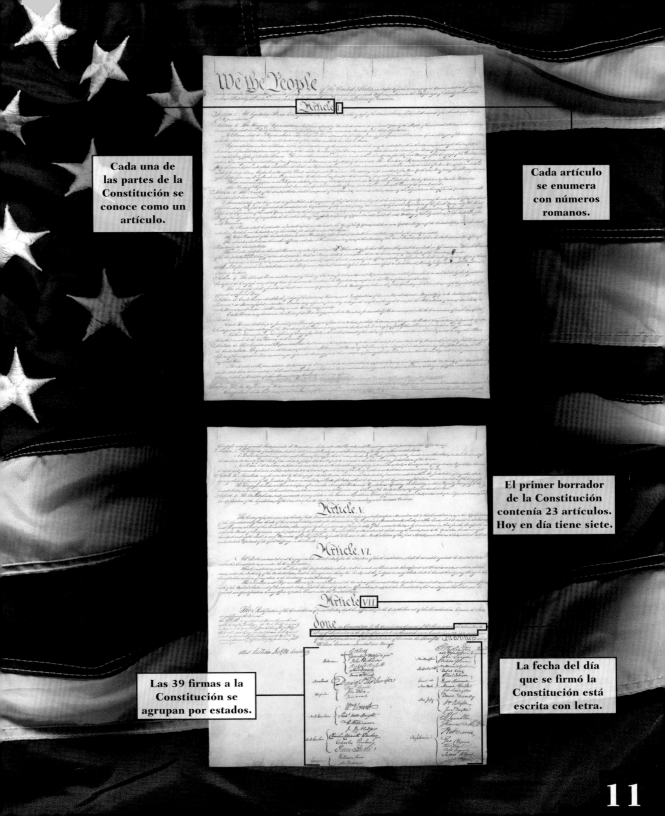

Cada una de las partes de la Constitución se conoce como un artículo.

Cada artículo se enumera con números romanos.

El primer borrador de la Constitución contenía 23 artículos. Hoy en día tiene siete.

Las 39 firmas a la Constitución se agrupan por estados.

La fecha del día que se firmó la Constitución está escrita con letra.

"NOSOTROS, EL PUEBLO"

Aunque el preámbulo de la Constitución de Estados Unidos tiene poco más de 50 palabras, estas están llenan de significado:

"Nosotros, el pueblo de Estados Unidos, a fin de formar una Unión más perfecta, establecer Justicia, afirmar la Tranquilidad nacional, proveer la defensa común, promover el Bienestar general y asegurar para nosotros mismos y para nuestros descendientes los Beneficios de la Libertad, estatuimos y sancionamos esta constitución para Estados Unidos de América".

Un preámbulo es una introducción o prólogo a un documento, y a menudo explica la razón por la cual se escribió. El preámbulo de la Constitución hace exactamente eso. Expresa que el pueblo de Estados Unidos quiere establecer las leyes de su nación, entre ellas las necesarias para mantener la paz dentro del país, protegerlo y asegurar que sus ciudadanos vivan felices y en libertad en el presente y en el futuro.

EL AUTOR

*Gouverneur Morris tuvo una gran influencia en la redacción de la Constitución. En el preámbulo se nota especialmente su estilo. Luchó por usar la frase inicial "Nosotros, el pueblo" en lugar de una lista de estados que se incluía en un borrador anterior. Después, James Madison se pronunció a favor de incluir la frase de Morris, con el siguiente argumento: "Entonces será un gobierno establecido por los 13 estados, no mediante la **intervención** de las legislaturas, sino por el pueblo en general".*

GOUVERNEUR MORRIS

El preámbulo de la Constitución de Estados Unidos se cita a menudo porque capta la esencia de la idea de los padres fundadores de Estados Unidos: la creación de "una Unión más perfecta" mediante la representación por el pueblo.

ARTÍCULO I: EL CONGRESO

La Constitución de Estados Unidos se divide en siete artículos. El Artículo I es el más largo. Declara que al Congreso, compuesto por el Senado y la Cámara de Representantes, se le otorga los poderes legislativos de la nación.

El Artículo I habla primero de la Cámara de Representantes, y aclara que los representantes servirán durante un período de dos años. Después, menciona dos requisitos para poder ser elegido a la Cámara de Representantes: el representante debe tener al menos 25 años y ser ciudadano de Estados Unidos por lo menos siete años antes de su elección. Esta sección también dice que el número de representantes para cada estado se determinará de acuerdo a su población.

El Senado se presenta de una manera similar. Cada estado tiene dos senadores que sirven durante un período de seis años. Para ser senador, es necesario tener 30 años de edad y ser ciudadano de Estados Unidos al menos nueve años antes de su elección.

> *Según el Artículo I de la Constitución, el Presidente de la Cámara de Representantes preside la Cámara de Representantes. El vicepresidente, que solo ejerce el voto en caso de empate, preside el Senado.*

**FREDERICK AUGUSTUS CONRAD MUHLENBERG,
PRIMER PRESIDENTE DE LA CÁMARA DE REPRESENTANTES**

Todos los poderes legislativos otorgados en la presente Constitución serán conferidos en un Congreso de Estados Unidos, que consistirá en un Senado y una Cámara de Representantes.

**JOHN ADAMS,
PRIMER VICEPRESIDENTE**

El Artículo I incluye normas acerca de cómo el Congreso debe funcionar y especifica, entre otras cosas, que debe reunirse al menos una vez al año. También habla sobre la remuneración de los representantes y senadores, y exige que los miembros de la Cámara de Representantes y del Senado tomen notas en cada reunión para que el público pueda tener acceso a ellas. Además, explica cómo los proyectos de ley propuestos en el Congreso se convierten en leyes. Los proyectos de ley que tengan que ver con "la recaudación de ingresos", como los impuestos, solo pueden ser propuestos por la Cámara de Representantes. Otros proyectos de ley pueden originar tanto en la Cámara de Representantes como en el Senado y deben ser aprobados por ambos antes de llegar al presidente.

Las demás obligaciones y poderes del Congreso también se enumeran en el Artículo I. Recaudar impuestos, supervisar el comercio internacional, crear un servicio postal y declarar la guerra son solo algunos de ellos. La última función del Congreso que se menciona en la Constitución de Estados Unidos es la de promulgar las leyes que sean necesarias para llevar a cabo los poderes enumerados en la Constitución.

> *La Constitución también explica claramente los poderes que el Congreso no tiene. Por ejemplo, no puede dar un título de nobleza a nadie. Tampoco puede favorecer a un estado o región sobre otros.*

EL PODER DE VETO

El gobierno de Estados Unidos se basa en un sistema de controles y equilibrios o división de poderes. El presidente puede "controlar" al Congreso cuando usa el poder presidencial de veto e impedir que pase una ley aprobada por el Congreso. Si esto ocurriera, la cámara donde se originó el proyecto de ley puede modificarlo, teniendo en cuenta las objeciones del presidente. Si ambas cámaras aprueban el proyecto de ley modificado con una mayoría de dos tercios, este se convierte en ley. Un proyecto de ley también se puede convertir en ley si el presidente no lo firma ni ejerce el poder de veto en un plazo de 10 días después de recibirlo.

ARTÍCULO II: EL PRESIDENTE

El segundo artículo de la Constitución de Estados Unidos otorga el "poder ejecutivo" del país al presidente. Esto significa que el trabajo principal del presidente es supervisar el gobierno de Estados Unidos. El Artículo II también explica cómo se elige al presidente.

Cada estado escoge a un grupo de personas llamadas electores que forman parte de lo que se conoce actualmente como el Colegio Electoral. El número de electores corresponde al número de senadores y representantes que cada estado tiene en el Congreso. Cada elector tiene un voto para elegir a un candidato presidencial que puede ser de su estado y un voto para elegir a un candidato que no debe ser de su estado.

★ ★ ★ ★ ★ ★ ★ ★ ★ ★ ★ ★ ★ ★ ★ ★

EL COLEGIO ELECTORAL HOY

Mucha gente cree que el sistema del Colegio Electoral es confuso e innecesario. En casi todos los estados, la totalidad de los votos electorales va al candidato que gana la mayoría del voto popular en ese estado. Es muy raro que un elector no vote a quien deba votar. Aunque muchos opinan que el proceso de las elecciones presidenciales debe cambiar, solo ha habido un cambio a este sistema desde que se redactó la Constitución. En 1804, la Constitución se cambió para que los candidatos se presentaran o bien para presidente, o bien para vicepresidente, y que los electores votaran a cada uno por separado.

El poder ejecutivo será conferido en un presidente de Estados Unidos.

La Constitución estipula que el presidente tiene que ser un ciudadano nacido en Estados Unidos. Debe tener al menos 35 años de edad y haber residido permanentemente en Estados Unidos durante al menos 14 años. El documento también define la duración del mandato por un período de cuatro años y no puede ser elegido más de dos veces.

Aunque no se especifica en la Constitución, la práctica común es que los electores voten de acuerdo al **voto** popular de su estado. Según la Constitución, tal como se redactó en 1787, el candidato que gane la mayoría de votos se convierte en presidente y el segundo candidato más votado en vicepresidente.

Los poderes del presidente también se detallan en el Artículo II de la Constitución. El presidente se nombra comandante en jefe de todas las fuerzas armadas de Estados Unidos y tiene la posibilidad de **indultar**.

El presidente tiene el poder de hacer tratados y nominar a **embajadores**, a jueces al Tribunal Supremo y otros cargos importantes no especificados en la Constitución. Pero, gracias al sistema de controles y equilibrios, estos tratados y nombramientos deben ser aprobados por el Senado. La Constitución también otorga al presidente el poder de **convocar** al Congreso en situaciones de emergencia.

Tanto el Artículo I como el Artículo II explican cómo el presidente puede ser depuesto de su cargo por el Congreso, en el caso de que este viole la ley.

★ ★ ★ ★ ★ ★ ★ ★ ★ ★ ★ ★ ★ ★ ★ ★ ★

EL VICEPRESIDENTE

El Artículo II también detalla las responsabilidades del vicepresidente, aunque no ofrece mucha información. Lo que sí dice es que si el presidente muere, renuncia o de alguna manera queda incapacitado para ocupar su cargo, los poderes del puesto recaerán sobre el vicepresidente. Cuando el presidente William Harrison falleció en 1841, el vicepresidente John Tyler entendió que el vicepresidente se convertiría en presidente. Como nadie se opuso, ¡se convirtió en presidente! Este camino de sucesión se hizo oficialmente ley en la Vigesimoquinta Enmienda, o cambio, a la Constitución.

El día en que un nuevo presidente es inaugurado o formalmente investido a su cargo público, debe prestar juramento al cargo. El texto de este juramento aparece en el Artículo II de la Constitución de Estados Unidos.

TOMA DE POSESIÓN DE GEORGE WASHINGTON

**TOMA DE POSESIÓN DE
BARACK OBAMA**

Antes de asumir su cargo, prestará el siguiente juramento "Juro (o afirmo) solemnemente que ejerceré fielmente el cargo de presidente de Estados Unidos y hasta el límite de mi capacidad, preservaré, protegeré y defenderé la Constitución de Estados Unidos".

ARTÍCULO III: EL TRIBUNAL SUPREMO

El tercer artículo de la Constitución de Estados Unidos establece un sistema judicial, pero solo da instrucciones específicas acerca del tribunal más alto de la nación, el llamado Tribunal Supremo. Según explica la Constitución, este tribunal solo se ocupa de ciertos casos, como los procesos entre estados, entre ciudadanos y estados y los que tengan que ver con embajadores o ley **marítima**.

El Tribunal Supremo se ocupa principalmente de casos relacionados con la Constitución. Las decisiones que toman los jueces del Tribunal Supremo han jugado un papel muy importante en la interpretación de la Constitución con el paso del tiempo, aclarando su significado y aplicándola a situaciones actuales.

Aunque el presidente nomina a los jueces del Tribunal Supremo, los nombramientos deben ser aprobados por el Senado. El poder de crear el sistema de tribunales inferiores también pertenece al Congreso.

> *La Constitución establece las tres ramas del gobierno de Estados Unidos. A través de un sistema de controles y equilibrios se asegura de que ninguna de ellas tenga demasiado poder.*

Las tres ramas del gobierno de Estados Unidos

EJECUTIVA	LEGISLATIVA	JUDICIAL
encabezada por el presidente	*el Congreso*	*el Tribunal Supremo es el tribunal más alto de Estados Unidos*
se asegura de que las leyes se lleven a cabo	*hace las leyes*	*incluye a todos los tribunales inferiores*
tiene poder de veto sobre el Congreso	*tiene el poder de deponer al presidente y a otros funcionarios gubernamentales*	*interpreta la Constitución*
nomina a los jueces del Tribunal Supremo	*aprueba los nombramientos de los jueces al Tribunal Supremo*	*se asegura de que se respeten los derechos garantizados por la Constitución*

LA CASA BLANCA

EL EDIFICIO DEL CAPITOLIO

EL EDIFICIO DEL TRIBUNAL SUPREMO DE JUSTICIA

OTROS ARTÍCULOS

Después de describir las tres ramas principales del gobierno, la Constitución pasa a hablar de los estados. El Artículo IV exige que cada estado respete las leyes de otros estados, y contempla la posibilidad de nuevos estados futuros. También ofrece a cada estado de Estados Unidos la garantía de protección y representación adecuada en el gobierno.

El Artículo V explica dos maneras que la Constitución se puede enmendar, aunque solamente la primera se ha utilizado hasta ahora. Dos tercios de la Cámara de Representantes y dos tercios del Senado deben aprobar la enmienda propuesta. Después, tres cuartas partes de los estados deben ratificar, o aprobar, la enmienda.

El Artículo VI declara que la Constitución es la ley suprema de Estados Unidos. También dice que todos los funcionarios electos deben prometer que la defenderán.

> *En el Artículo IV, el gobierno de Estados Unidos promete protección a los estados. La Constitución da el poder al Congreso de crear una marina de guerra y otras fuerzas armadas para que pueda cumplir esta promesa.*

Estados Unidos garantizará a todo estado comprendido en esta unión una forma republicana de gobierno y protegerá a cada uno contra invasiones, disturbios internos, cuando lo solicite la legislatura o el ejecutivo (en caso de que no fuese posible reunir a la legislatura).

RATIFICACIÓN

El artículo final de la Constitución explica el proceso para su ratificación. Nueve de los 13 estados tenían que aprobarla.

Después de la Convención Constitucional, los líderes de los estados que tenían que votar la aprobación del documento se dividieron principalmente en dos grupos. Los federalistas apoyaban la Constitución, mientras que los antifederalistas no estaban a favor. Una de las mayores objeciones de los antifederalistas era que la Constitución no hablaba de los derechos civiles de los ciudadanos. Esto fue motivo de grandes debates en muchos estados, entre ellos Carolina del Norte. De hecho, Carolina del Norte se negó a ratificar el documento hasta no tener la promesa de que la Constitución se enmendaría para proteger claramente los derechos de los ciudadanos.

El 7 de diciembre de 1787, Delaware fue el primer estado en ratificar la Constitución. Cuando New Hampshire se convirtió en el noveno estado en ratificarla, se fijó la fecha en que la Constitución entraría en vigor: el 9 de marzo de 1789.

Algunos de los antifederalistas que se opusieron más abiertamente fueron George Mason y Patrick Henry, que se muestran aquí. Para los antifederalistas era muy importante la protección de los derechos individuales.

LOS DOCUMENTOS FEDERALISTAS

Una de las formas en las que los federalistas trataron de conseguir apoyo para la Constitución fue a través de 85 ensayos que hoy se conocen como los Documentos Federalistas. Escritos por James Madison, Alexander Hamilton y John Jay, estos artículos explican al pueblo en general el contenido y la estructura de la Constitución. Los Documentos Federalistas se publicaron en el Independent Journal y en el New York Packet entre octubre de 1787 y agosto de 1788. Estos ensayos nos dan una percepción de cómo los Padres Fundadores, al menos los federalistas, interpretaron la Constitución.

GEORGE MASON

PATRICK HENRY

LA CARTA DE DERECHOS

Cuando el Congreso se reunió en 1789, James Madison presentó algunas posibles enmiendas a la Constitución propuestas por los estados. Las diez que fueron ratificadas constituyen una de las partes más importantes de la Constitución para los ciudadanos de Estados Unidos: la Carta de Derechos. Estas enmiendas eran justo lo que querían los antifederalistas: una lista de los derechos civiles garantizados por la ley suprema del país, la Constitución.

Entre las enmiendas incluidas en la Carta de Derechos, la Primera Enmienda garantiza la libertad de religión, expresión y prensa, así como el derecho de reunión y el de pedir al gobierno que solucione problemas. La Quinta Enmienda otorga a los ciudadanos el derecho al proceso legal debido, que significa que deben recibir un trato judicial justo. La Novena Enmienda dice que los derechos civiles no mencionados en la Constitución también se respetarán. La Décima Enmienda concede a los estados todos los poderes que no están asignados al gobierno federal.

> *La Carta de Derechos fue aprobada en 1791. Desde entonces y hasta el 2016, se han añadido 17 enmiendas más. La posibilidad de hacer enmiendas a la Constitución ha permitido que este documento refleje la evolución de Estados Unidos a lo largo de los años.*

LAS ENMIENDAS

Se han hecho 27 enmiendas a la Constitución desde que esta fuera ratificada. Hay tres enmiendas que se adoptaron como respuesta a la guerra civil estadounidense. La Decimotercera Enmienda prohíbe la esclavitud en Estados Unidos, la Decimocuarta Enmienda garantiza a todos los ciudadanos igual protección bajo la ley, y la Decimoquinta Enmienda garantiza a todos los ciudadanos varones el derecho al voto independientemente de su raza. Otras enmiendas importantes incluyen la Decimonovena Enmienda, que otorga a las mujeres el derecho al voto, y la Vigesimosegunda Enmienda, que limita a dos el número de mandatos que puede servir un presidente.

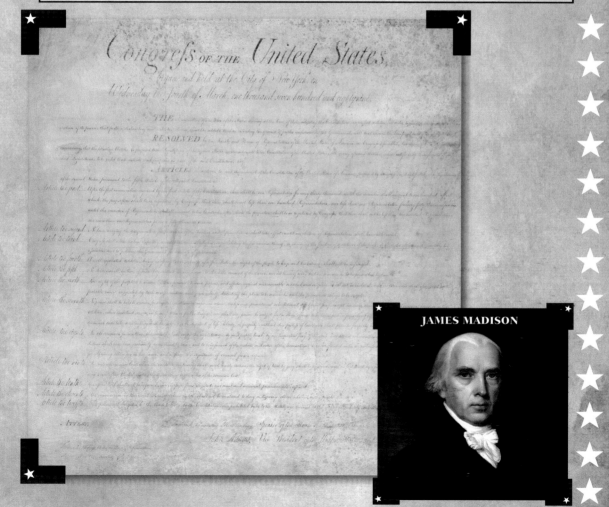

JAMES MADISON

INTERPRETAR LA CONSTITUCIÓN

Todos los días el presidente, el Congreso y el Tribunal Supremo, así como los tribunales y legisladores estatales y locales, interpretan la Constitución de Estados Unidos. Algunas interpretaciones de la Constitución se han convertido en ley mediante las decisiones tomadas por el Tribunal Supremo. La Carta de Derechos, particularmente, ha tenido que ser interpretada para definir, por ejemplo, los límites de la libertad de expresión y del derecho a portar armas. Estas decisiones tienen un efecto directo en las vidas de los ciudadanos. Incluso la vida de los niños y jóvenes se ha visto afectada por la decisión del Tribunal Supremo de acabar con la **segregación** en las escuelas y de definir la libertad de prensa escolar.

La Constitución de Estados Unidos es un documento vivo que todavía puede evolucionar. Es un documento que ha definido a nuestra nación, pero la nación también continúa definiendo la Constitución.

GLOSARIO

aliado: miembro de una alianza para lograr un propósito común.

borrador: una versión no definitiva de un escrito.

convocar: llamar a una o varias personas para que vayan a un lugar determinado.

crisis: una situación difícil o inestable.

delegado: una persona a la que se envía a una reunión o convención para representar a otras personas.

embajador: un representante o comisionado oficial, sobre todo de otro país.

englobar: combinar, incluir.

indultar: perdonarle a alguien parcial o totalemente una pena impuesta, o sustituírla por otra menos grave.

intervención: el acto de participar en algo para afectar el resultado.

marítimo: que tiene que ver con el mar.

recaer: ser abjudicada cierta cosa a alguien, como una responsabilidad, por ejemplo.

redactar: poner algo por escrito.

segregación: el hecho de separar a ciertas personas por su raza, clase u origen étnico.

sucesión: circunstancia de estar una cosa después de otra en el tiempo o en el espacio.

voto popular: los votos de la población general de un lugar.

ÍNDICE

SITIOS DE INTERNET

Debido a que los enlaces de Internet cambian a menudo, PowerKids Press ha creado una lista de los sitios Internet que tratan sobre el tema de este libro. Este sitio se actualiza con regularidad. Por favor, usa este enlace para ver la lista:

www.powerkidslinks.com/amdoc/con